LA CONCILIATION

> « La Conciliation est impossible parce que la
> « justice est une, indivisible, et ne transige jamais
> « avec l'iniquité. » (Pie IX, réponse aux abbés
> bénédictins, 25 janvier 1872.)

> *Accedens autem Elias ad omnem populum,
> ait : Usquequo claudicatis in duas partes? Si
> Dominus est Deus, sequimini eum ; si autem
> Baal, sequimini illum. Et non respondit ei
> populus verbum.* (III Reg., XVIII, 22.)

> Or, Elie, s'avançant vers tout le peuple, dit :
> « Jusqu'à quand boîterez-vous des deux côtés ? Si
> « c'est le Seigneur qui est Dieu, suivez le Seigneur ;
> « si c'est Baal, suivez Baal. » Et le peuple ne lui
> répondit pas un mot.

SE VEND AU PROFIT DU DENIER DE SAINT-PIERRE

ANGERS

CHEZ TOUS LES LIBRAIRES

1872.

LA CONCILIATION

> « La Conciliation est impossible parce que la
> « justice est une, indivisible, et ne transige jamais
> « avec l'iniquité. » (Pie IX, réponse aux abbés
> bénédictins, 25 janvier 1872.)

> *Accedens autem Elias ad omnem populum,*
> *ait : Usquequo claudicatis in duas partes? Si*
> *Dominus est Deus, sequimini eum ; si autem*
> *Baal, sequimini illum. Et non respondit ei*
> *populus verbum.* (III Reg., XVIII, 22.)

> Or, Elie, s'avançant vers tout le peuple, dit :
> « Jusqu'à quand boîterez-vous des deux côtés ? Si
> « c'est le Seigneur qui est Dieu, suivez le Seigneur ;
> « si c'est Baal, suivez Baal. » Et le peuple ne lui
> répondit pas un mot.

Dans toute entreprise il ne suffit pas que les intentions soient bonnes et le but parfait ; il faut de plus que les moyens employés soient propres à y conduire. Or l'erreur capitale de nos jours, parmi les gens de bien, est moins dans les intentions et dans le but poursuivi que dans le choix des moyens, d'où résulte que les plus ardents dévouements, que les plus généreux efforts demeurent frappés d'impuissance et de stérilité.

Nous avons besoin d'union, de fusion, de conciliation, sous peine d'être vaincus dans nos divisions par les forces du mal, incapables de s'unir pour rien édifier, mais en ce moment coalisées pour détruire. Sur ce point tout le monde est d'accord. Mais, partant de là, un nombre presque infini d'hommes de bien, d'hommes profondément honnêtes, estimables, religieux même, se bercent d'illusions funestes et mortelles.

Sous prétexte de conciliation, on veut être catholique en dehors du Pape, légitimiste ou royaliste en dehors du Roi. Au lieu d'accepter leur direction, chacun cherche à leur imposer la sienne. S'ils se permettent de le trouver mauvais, on murmure qu'ils sont *mal entourés*, comme si n'importe quel entourage pouvait empêcher les grâces d'État, et, pour le Pape du moins, l'assistance du Saint-Esprit, d'arriver jusqu'à eux. De froissement en froissement, d'aberration en aberration, on en vient jusqu'à se mettre à la remorque de fourbes sans dignité, sans conscience, sans honneur et sans foi, qui préfèrent la voie des intrigues tortueuses et des restrictions mentales à la voie légitime de la justice et du droit. Cela s'est vu d'autres fois dans les annales des peuples. Quand les juifs se furent détournés de Notre-Seigneur parce qu'il ne reconstituait pas selon leurs étroites et mesquines pensées le royaume d'Israël, ils se donnèrent à tous les aventuriers qui voulurent se parer du nom de Messie, y compris Barcochébas, jusqu'à ce qu'enfin les Romains vinrent et ensevelirent Jérusalem et la Judée dans la plus effroyable ruine dont l'histoire ait gardé le souvenir.

Toujours sous le même prétexte de conciliation et d'union, on entre envers l'erreur

dans la voie des concessions et des compromis. On oublie qu'il n'y a pas d'union vraie
et durable sans l'unité et qu'il n'y a pas d'u-
nité hors de la vérité. La vérité seule unit
parce que seule elle est une par essence.
L'erreur, multiple, ne peut que diviser. Toute
concession faite à l'erreur, tout compromis
passé avec elle est un pas hors de la vérité, et
par suite une chute dans l'erreur, qui ne peut
aboutir qu'à des divisions nouvelles. Car
entre la vérité et l'erreur, entre l'unité et la
division, il n'y a pas de milieu. On ne sort de
l'une que pour tomber dans l'autre. Eclairer
ceux qui se trompent, convertir ceux qui font
mal est la seule conciliation possible. Hors de
celle-là il n'y en a point. La vérité doit tout
conquérir et ne rien céder : c'est à ce prix
qu'est le salut.

Après la première Pentecôte de la loi de
grâce, les apôtres se dispersèrent dans le
monde, emportant l'Evangile avec eux. Fi-

dèles aux instructions reçues de leur Maître, en arrivant dans une ville ou un château, ils s'informaient de ceux qui étaient dignes de la vérité ; avant d'entrer, ils disaient : « Paix à cette demeure, » et si la maison était digne, s'il s'y trouvait un fils de la paix, c'est-à-dire une âme prête à la recevoir, la paix apostolique se reposait sur elle ; ils entraient alors et ne sortaient plus qu'ils n'eussent annoncé l'Évangile à tous ceux qui dans ce lieu étaient capables de l'entendre. Mais si, pareille à la colombe de l'arche, leur paix ne trouvait pas où se reposer, elle retournait sur eux ; ils secouaient la poussière de leurs pieds en témoignage contre ceux qui refusaient de les accueillir et de les écouter ; ils sortaient de cette ville ou de cette maison, digne au jour du jugement de plus de sévérité que Sodome et que Gomorrhe, et ils s'en allaient plus loin, emportant la vérité tout entière, telle qu'ils l'avaient apportée, sans la diminuer, sans la diviser pour la rendre plus acceptable (*Matth.*, x ; *Luc*, ix). La vérité ne se divise pas plus que le Christ et que sa tunique sans couture (I *Corinth.*, i, 13 ; *Joan.*, xix, 23). Tout ou rien ; c'est à prendre ou à laisser.

Les apôtres prêchaient et pratiquaient le précepte de l'amour parce que dans l'amour de Dieu et du prochain se résument la loi et les prophètes ; mais ils entendaient ce double amour comme leur Maître le leur avait appris : « Ecoute, Israël ; le Seigneur ton Dieu est un « Dieu *un* ; tu aimeras le Seigneur ton Dieu « de tout ton cœur, de toute ton âme, de tout « ton esprit et de toute ta vertu. C'est le pre- « mier et le plus grand commandement. Le « second lui est semblable : tu aimeras ton « prochain comme toi-même. Il n'y en a a « point de plus grand que ces deux-là. En eux « est renfermée toute la loi et les pro- « phètes. » L'amour de Dieu et l'amour du prochain ne font donc en réalité qu'un seul amour. Aimer le prochain aux dépens de la vérité, c'est-à-dire de Dieu, c'est manquer à la première et à la plus importante partie du précepte ; c'est même violer le précepte tout entier. Car condescendre à l'erreur du prochain, c'est manquer envers lui à la charité qui veut qu'on l'éclaire et qu'on le convertisse, la grâce de Dieu aidant. Aussi le scribe qui avait interrogé le Seigneur lui ayant répondu : « Vous avez bien dit, Maître, vous « avez dit dans la vérité que Dieu est un, et « que hors de lui il n'y en a point d'autre, « qu'il faut l'aimer de tout cœur, de toute « âme, de toute intelligence et de toute force « et qu'aimer le prochain comme soi-même « est plus grand que tous les holocaustes et « tous les sacrifices, » Jésus, voyant la sagesse de cette réponse, lui dit à son tour : « Vous « n'êtes pas loin du royaume de Dieu » (*Matth.*, xxii ; *Marc*, xii). Aussi les apôtres, en prêchant et pratiquant la leçon de l'amour, ne mettaient point en oubli les autres leçons du Verbe divin, et notamment celle-ci : « Si votre frère n'écoute pas l'Église, qu'il soit pour vous comme un païen et un publicain » (*Matth.*, xviii, 17). Ils la maintenaient dans toute sa rigueur et dans toute sa sévérité. C'est saint Jean, le plus tendre et le plus doux d'entre eux, le bien-aimé du Cœur de Jésus, le dépositaire de ses secrets, le confident de son amour et de sa douleur, le témoin de son agonie et de son dernier soupir, le fils adoptif de Marie, saint Jean, l'apôtre de la charité infinie, qui approchant du terme de sa vie séculaire, répétait sans cesse aux fidèles : « Mes petits enfants, aimez-vous les uns les autres, » c'est saint Jean qui écrasa, en écrivant à cette fin son Évangile et son Apocalypse, les premiers hérétiques, Ebion, Cérinthe, Apollonius de Tyane et Nicolas. Trouvant un jour Cérinthe aux bains, il se hâta d'en sortir, par horreur pour l'hérésie, et de peur que les murs ne s'écroulassent sur lui et les siens. Et quand saint Polycarpe, son disciple, qui nous a conservé ce fait, rencontra Marcion dans les rues de Rome, interrogé par cet hérétique, s'il le reconnaissait, il lui répondit avec une divine énergie : « Oui, je te reconnais pour le fils aîné de Satan. »

Ainsi fut prêché l'Evangile au sortir du Cénacle, pur, simple, entier, sans compromis, sans concession, sans réticence, sans défaillance ; ainsi Dieu veut qu'il soit prêché jusqu'à la consommation des siècles. Saint Paul, écrivant aux Corinthiens, se rend à lui-même et à ses collègues dans l'apostolat le témoignage que le *pour* et le *contre* ne se sont jamais unis dans leurs discours, selon l'usage des hommes charnels, parce que Jésus-Christ prêchait en eux et par eux : « Car, ajoute-t-il, le Fils de Dieu Jésus-Christ n'a pas été *oui* et *non* ; mais le *oui* seul a été en lui »

(II *Corinth.*, i, 17-19). Les apôtres avaient reçu défense de rien cacher ; ils dirent sur les toits ce qu'ils avaient entendu dans le secret et lorsque les âmes, non fortifiées par la vue de l'Esprit, n'étaient pas encore capables de tout porter (*Matth.*, x, 26, 27 ; *Marc*, iv, 22 ; *Luc*, viii, 17 , xii, 23 ; *Joan.*, xvi, 12). La vérité fut offerte à tous ; l'accepta ou la refusa qui voulut ; qui la rejeta fut rejeté, justement rejeté, parce que, comme l'a dit merveilleusement le P. Lacordaire, à une de ces heures où ses préjugés libéraux ne faisaient pas ombre sur sa foi, « l'amour n'est pas un jeu ; on n'est pas impunément aimé jusqu'au gibet ! Ce n'est pas la justice qui est sans miséricorde , c'est l'amour. L'amour, c'est la vie ou la mort, et s'il s'agit de l'amour d'un Dieu, c'est l'éternelle vie ou l'éternelle mort » (*P. Lacord.*, cité par l'abbé Cazenave, *Echo relig.* de Pau, 24 déc. 1871, 2ᵉ an., nᵒ 52, pag. 821).

Par de tels moyens douze pêcheurs, ayant pour tout bien la robe unique qui les couvrait (*Matth.*, x ; *Marc.*, vi ; *Luc*, ix, x), réussirent à conquérir le monde à l'unité de la vérité. Ils agissaient et parlaient ; Dieu , dont ils avaient l'esprit, coopérait à leurs œuvres et confirmait leurs discours que suivaient les miracles (*Marc*, xvi, 20). Plutôt que de retrancher de la divine parole un accent ou un iota, l'Eglise versa pendant trois siècles des torrents de sang ; les chercheurs de compromis ne manquèrent pas ; elle les repoussa, rendant à César ce qui était dû à César, lui refusant absolument ce qui n'était dû qu'à Dieu. Le jour vint enfin où la croix s'éleva tout-à-coup rayonnante sur le front de Constantin. Depuis, elle avait brillé sans conteste au sommet des diadèmes chrétiens ; il fallait l'avénement du libéralisme moderne pour qu'on tentât de l'en arracher. A partir de ce triomphe, quinze siècles ont passé.

L'Eglise n'a jamais dévié de la voie tracée par le Sauveur, suivie par les apôtres, exprimée par saint Augustin en deux mots, avec la lucidité de son admirable génie : *Inter ficite errores, diligite homines :* « Mort aux erreurs, amour aux hommes. » Ce qui ne veut certes pas dire qu'il faille laisser les hommes tranquilles dans l'erreur quand on peut les en retirer. Laisser se noyer en paix quand on peut le sauver, même malgré lui, un homme tombé à l'eau, laisser mourir un malade plutôt que de le forcer à prendre le remède dont il repousse l'amertume, serait une étrange façon de pratiquer la charité. Le grand mot de Notre-Seigneur : *Compelle intrare ut impleatur domus mea (Luc,* xiv, 23) est une de ces paroles qui, en dépit des colères du démon, vrai père du libéralisme, demeurent éternellement.

Les vérités humaines ne se propagent point parmi les hommes si on ne les prêche par les moyens qui ont enseigné au monde la vérité divine dont elles découlent. Mais que le nombre de ceux qui les prêchent de la sorte est petit ! Et combien y a-t-il d'enfants des hommes qui ne les diminuent point ? Sauveznous, Seigneur, parce que les saints nous manquent, parce que chacun ne sait plus dire que des flux de grands mots creux, vains, doubles et trompeurs (*Ps.* xi) !

A force de poursuivre une conciliation impossible entre le vrai et le faux, entre le bien et le mal, on est venu à perdre la notion et le sens de la liberté. Tout le monde en parle et prétend la défendre ; nul, ou à peu près, ne sait ce qu'elle est. A force de vouloir unir la lumière et les ténèbres, le vrai et le faux, le bien et le mal, on a fini par oublier que le faux et le mal ne sont que la négation du vrai et du bien, comme les ténèbres ne sont que l'absence de la lumière. Le faux et le mal n'ont pas d'existence positive ; ils n'existent que comme négation ; d'où il suit que la liberté de l'erreur est la négation de la liberté de la vérité qui est la seule vraie liberté selon la parole du Christ : « *Et veritas liberabit vos* » (*Joan.*, viii, 32). Autant on donne de liberté au mal, qui n'a droit qu'à la répression, autant par le fait même, on en ôte au bien, qui a droit à l'aide et à la protection. Augmenter la liberté de l'erreur, mère du mal, c'est diminuer d'autant la liberté de la Vérité, mère du bien. L'idéal, ou du moins la formule du libéralisme moderne, même de celui qui se dit et se croit catholique, est, quoique ce dernier essaie de s'en défendre, un état de société où la vérité et l'erreur vivent côte à côte sous le droit commun, c'est-à-dire en possession d'une égale liberté. Aux premières pages des saints Livres et de l'histoire du monde, la foi nous enseigne ce que la raison constate tous les jours, que depuis le péché d'Adam la nature est beaucoup plus portée au mal qu'au bien : *Sensus enim et cogitatio humani cordis ad malum prona sunt ab adolescentia sua* (*Gen.*, VIII, 21). Prétendre mettre ainsi en équilibre l'erreur et la vérité, c'est donc assurer le triomphe de l'erreur et du mal, grâce à l'infirmité de la raison, aux instincts dépravés du cœur, à la corruption de la nature de l'homme.

La volonté, puissance aveugle, est conduite par l'intelligence qui, sous l'empire de l'erreur, ne peut la mener qu'au mal. Quelques-uns, il est vrai, reculant devant cette conséquence redoutable, refusent au mal la liberté qu'ils accordent à l'erreur. Mais à quoi bon ce compromis ? L'erreur, libre dans une société, s'introduit inévitablement dans les esprits et dans les lois, et bientôt le mal y est non-seulement libre, mais officiellement et publiquement protégé. Nous ne le voyons que trop. En même temps que l'erreur, depuis si longtemps maîtresse à l'Académie française,

y triomphe en y faisant entrer M. Littré, nous voyons triompher de tous côtés le mal dans la personne de communards parisiens et d'hommes du 4 septembre. M. Ranc siége impuni au conseil municipal de Paris ; M. Vautrain le préside et est élu député ; M. Jules Simon, de l'Internationale, prônée par M. Littré, est ministre de l'instruction publique et des cultes ; M. Jules Favre, adultère et faussaire, échappe à tout châtiment ; on ne demande pas compte à M. Gambetta et à ses amis de tant de milliers de vies sacrifiées par eux, et de cinq milliards gaspillés pour arriver à en perdre cinq autres avec deux provinces françaises. Et tous- ces hommes, sans parler de bien d'autres, arrivent aux honneurs et s'y maintiennent avec l'agrément et le concours des libéraux qui nous gouvernent, et qui condamnent eux-mêmes, à l'occasion, leurs propres principes avec une curieuse désinvolture.

Le 13 janvier 1872, M. Thiers s'écriait à la tribune , au milieu des chuchotements et des rires de l'Assemblée : « Je suis libéral,... « je l'ai été toute ma vie... A l'égard des partis « je suis pour une parfaite impartialité... « mais devant les principes faux, il ne peut « y avoir selon moi d'impartialité ; il ne peut « être question que de leur condamnation » (Discours de M. Thiers sur les impôts à voter ; compte-rendu de *l'Union* de Paris du 15 janvier 1872). Quand on entend le président minuscule de la République provisoire proclamer ainsi son libéralisme et le renier aussitôt, comment ne pas se rappeler Balaam sur la montagne de Phogor qui regarde le désert, bénissant ce qu'il voulait maudire, prophétisant malgré lui l'Etoile qui devait se lever de Jacob, et n'ouvrant les yeux qu'en tombant ? (*Num.*, XXIV.) Aujourd'hui M. Thiers dit vouloir la liberté des partis, c'est-à-dire du désordre comme de l'ordre, n'y ayant qu'*un*

parti de l'ordre, celui de la vérité, et il la
refuse aux faux principes, c'est-à-dire à l'erreur : hier il disait, demain il dira : Liberté
à l'erreur pourvu que l'ordre ne soit pas
troublé ; et, grâce à ces fluctuations d'un esprit qui divague hors de la vérité, l'erreur et
le désordre, protégés tour à tour, établissent
leur règne. M. Thiers parlait d'or en ajou-
tant plus loin dans le même discours : « Jamais il n'y eut une époque où tous les esprits
fussent sincèrement plus divisés qu'aujour-
d'hui sur toutes choses... Ce n'est pas l'anar-
chie politique qui nous menace, c'est l'anar-
chie intellectuelle. » L'Assemblée criait :
« C'est vrai ! C'est vrai ! » et une voix, celle
de M. Gaslonde, enchérissant sur le maître,
jetait cette clameur désespérée : « Il n'y a
plus de boussole pour les esprits ! Il n'y a
plus de principes certains ! » (*Ibid.*) A qui la
faute, hélas ! sinon à cette indifférence offi-
cielle et légale pour le vrai et le faux qui a

laissé tout mettre en doute, jusqu'à l'évidence et jusqu'à Dieu ?

L'application des doctrines libérales est le renversement de toutes choses, et comme elles ont prévalu depuis un siècle, est-il étonnant qu'elles aient porté les fruits que nous voyons ? Il n'y a plus debout, des pouvoirs anciens de la chrétienté, que l'autorité de l'Eglise, parce qu'à elle seule il a été promis que les portes de l'enfer ne prévaudront jamais contre elle et sa pierre fondamentale (*Matth.*, xvi, 18).

De là l'opportunité de la définition de l'infaillibilité du Pape. En face du libéralisme triomphant, il importait de lui déclarer qu'il ne sortirait pas de la sphère des choses humaines. En face de ses tentatives de pénétrer dans l'Eglise et de s'y installer, selon le subtil programme publié par le *Correspondant* du 10 octobre 1869, il fallait que l'autorité du Pape s'affirmât comme sûre d'elle-même, infaillible dans l'enseignement du vrai et du bien, et dît au libéralisme : « Tu n'iras pas plus loin, et là se brisera l'enflure de tes flots. » (*Job*, xxxviiii, 11.) Le libéralisme n'est que le rationalisme et le naturalisme appliqués à l'ordre politique et social. Avant de commencer à le frapper, il fallait d'abord lui ôter ses appuis et pulvériser ses fondements afin de le tuer plus facilement une fois renversé à terre. C'est ce qu'a fait le Concile du Vatican en publiant avant la Constitution *Pastor æternus* la Constitution *Dei Filius* où sont affirmés et déterminés Dieu créateur, la révélation, la foi, le rôle, les limites et l'accord de la raison et de la foi. Le vote de la Constitution *Dei Filius* fut unanime. Si le petit nombre d'évêques qui refusèrent de voter la Constitution *Pastor æternus* eussent bien compris leur premier vote, ils eussent vu qu'ils devaient voter, pour être logiques, la seconde Constitution aussi bien que la première.

Mais il n'y a que le Saint-Esprit qui ne se trompe pas, et le Pape n'est lui-même infaillible que parce qu'il est son organe sur la terre. Les hommes ne sont que des instruments plus ou moins dociles dans la main de Dieu. Nous n'avons pas vu, nous ne voyons pas encore en entier les immenses conséquences qui découlent des premiers actes de ce laborieux Concile ; attendons dans l'adoration et dans l'espérance, et n'imitons pas la folie catholico-libérale qui a osé se plaindre, dans une lettre rendue publique, que le Concile n'ait pas tenu ce qu'*on* en attendait.

Ah ! Dieu en soit béni ! Vous en attendiez la révolution dans l'Eglise, l'admission dans ses conseils de vos théories libérales, c'est-à-dire sa ruine jointe à la ruine de votre société civile. L'Église a refusé de se suicider, ce qui est d'ailleurs hors de son pouvoir ; elle a voulu ce que Dieu voulait, vivre et se sauver pour vous sauver vous-mêmes, et malgré vos plaintes ingrates, vos rancunes amères et tenaces, vos intrigues insensées, elle sauvera tous ceux d'entre vous qui ne s'obstineront pas à repousser le salut et la vie. Quand enfin vous aurez compris vos devoirs envers elle, quand vous serez entrés dans l'unité de la soumission, de la confiance et de l'amour, quand vous saurez ce qu'est le Pape, vous comprendrez ce qu'est le Roi, et la conciliation sera faite. Dieu nous rendra le Roi ; l'Eglise délivrée le sacrera, et d'une voix et d'un cœur unanimes, sous les voûtes sacrées, nous chanterons dans toute sa pureté, tel que l'a dicté l'Esprit-Saint et que l'ont chanté nos pères, sans les changements bizarres qu'il a subis depuis quatre-vingts ans, le *Domine salvum fac regem.*

21 janvier 1872.

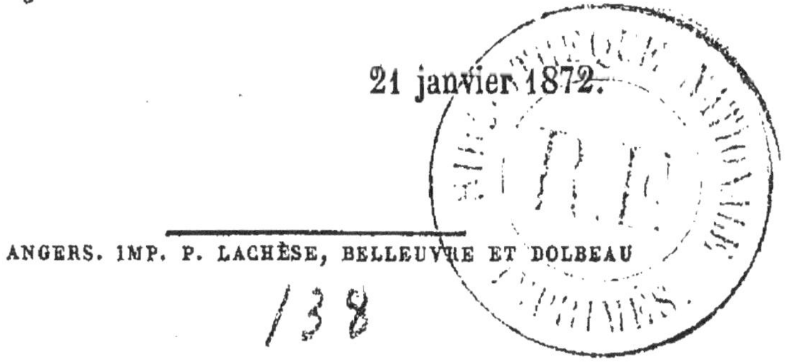